Alphabet
Illustré

ALPHABET

ILLUSTRÉ

DE L'HISTOIRE NATURELLE.

ANGERS, IMPRIMERIE DE COSNIER ET LACHÈSE.

ALPHABET

ILLUSTRÉ

DE

L'HISTOIRE NATURELLE,

ORNÉ DE SEIZE JOLIES GRAVURES SUR ACIER.

PARIS,
L. MAISON, ÉDITEUR,
3, RUE CHRISTINE, DANS LA COUR A DROITE.

1846.

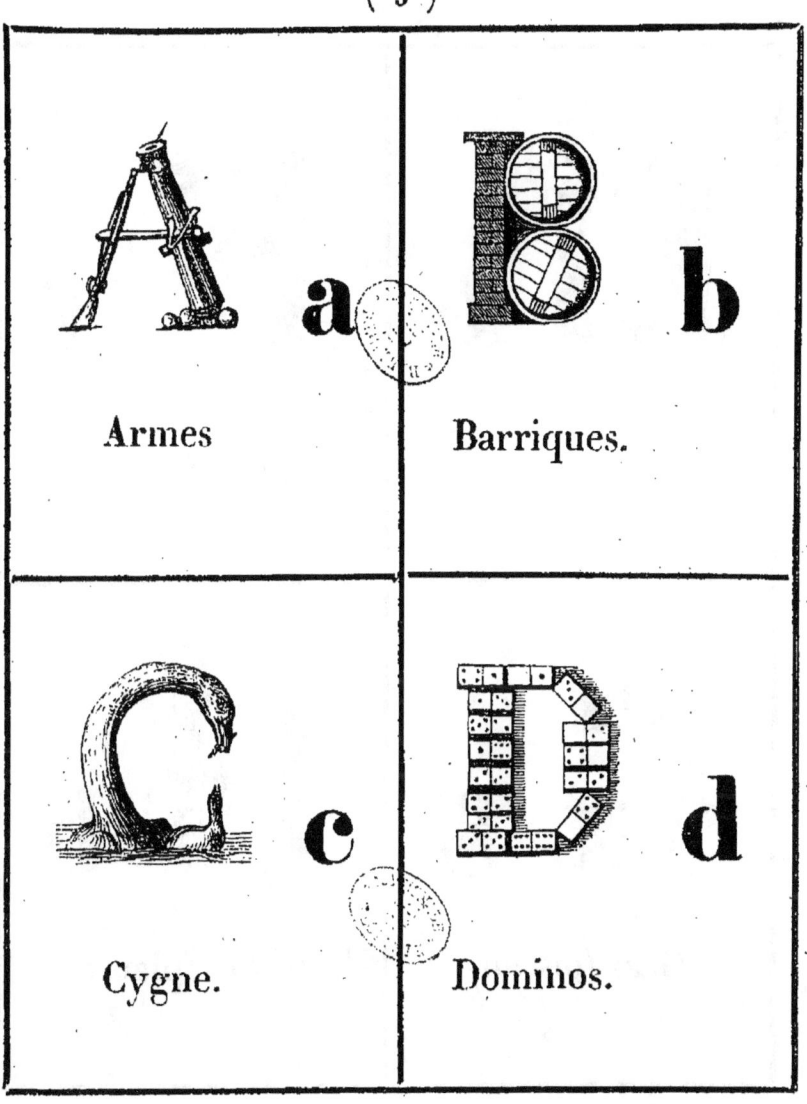

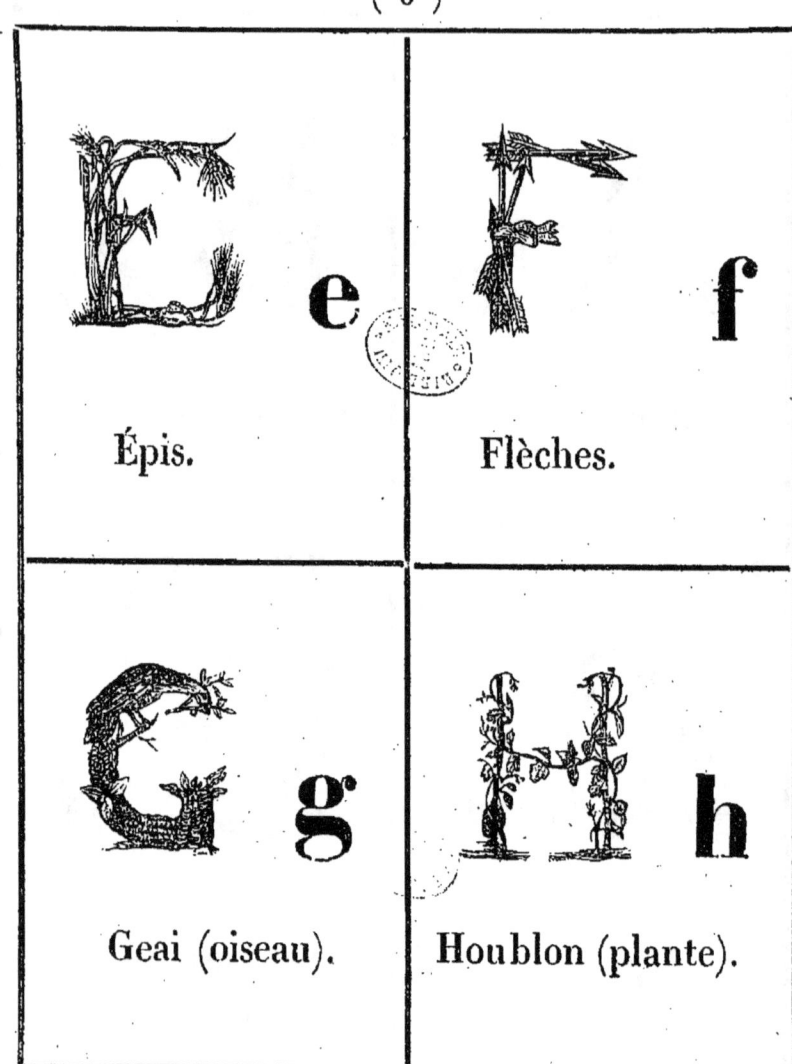

E e — Épis.

F f — Flèches.

G g — Geai (oiseau).

H h — Houblon (plante).

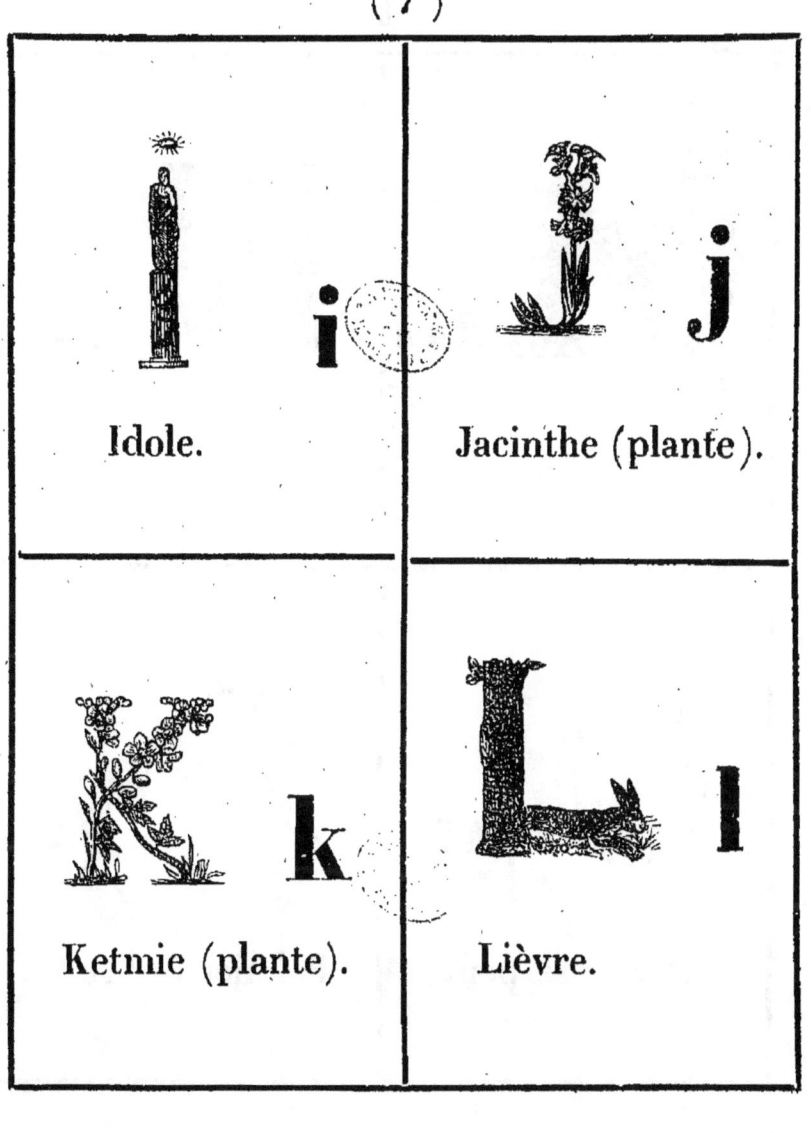

Idole.

Jacinthe (plante).

Ketmie (plante).

Lièvre.

(8)

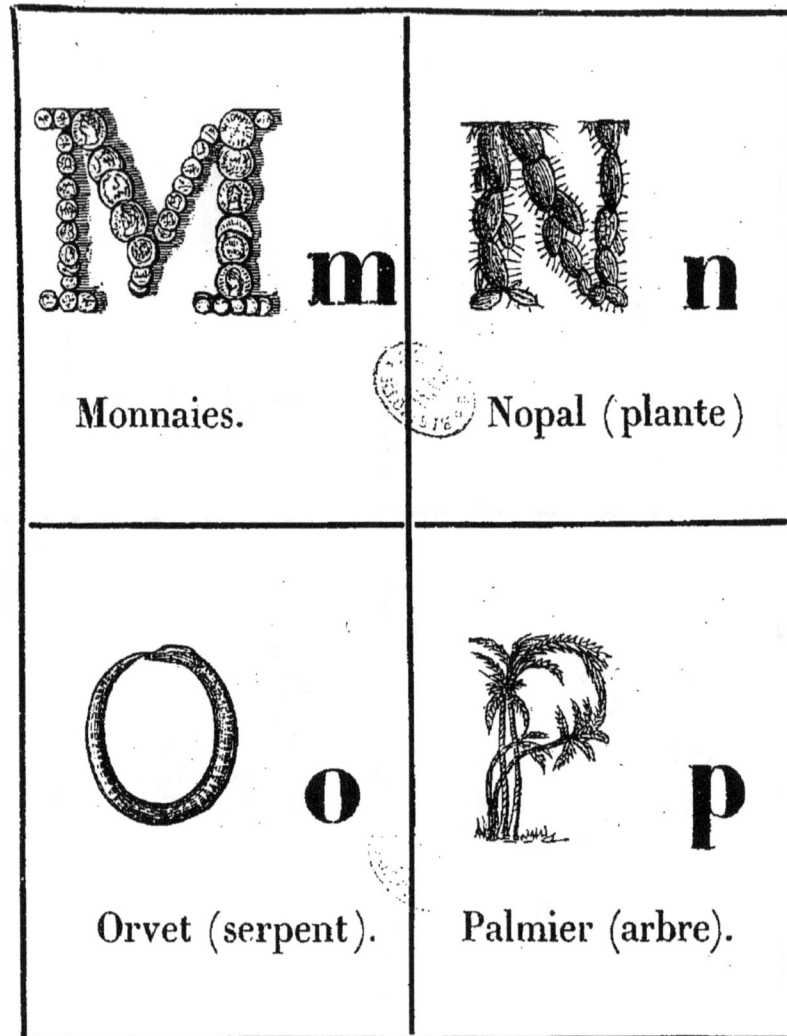

M m
Monnaies.

N n
Nopal (plante)

O o
Orvet (serpent).

P p
Palmier (arbre).

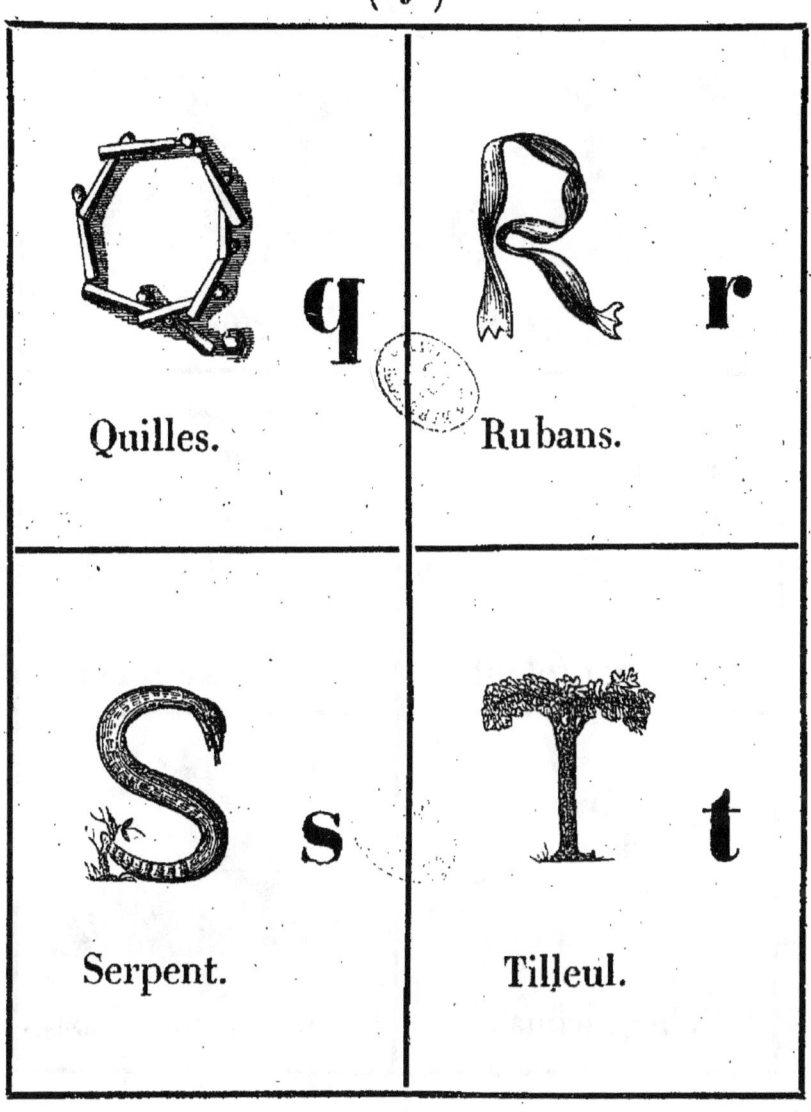

Q q Quilles.

R r Rubans.

S s Serpent.

T t Tilleul.

U u Ulmaire (plante).	V v Vigne.
W w Witsenia (plante).	X x Ximénesia (plante).
Y y Yèble (arbuste).	Z z Zibeline (petit quadrupède).

(11)

CAPITALES ITALIQUES.

A B C D E

F G H I J K

L M N O P Q

R S T U V

W X Y Z.

Caractères Romains.

a b c d e f
g h i j k l
m n o p q r
s t u v w x
y z.

Caractères Italiques.

a b c d e f
g h i j k l
m n o p q r
s t u v w x
y z.

CARACTÈRES D'ÉCRITURE.

ANGLAISE.

a b c d e f g h i j
k l m n o p q r s t
u v w x y z.

CAPITALES D'ANGLAISE.

A B C D E F G
H I J K L M
N O P Q R S
T U V W X
Y Z.

RONDE.

a b c d e f g h i j
k l m n o p q r s t
u v w x y z.

GOTHIQUE.

a b c d e f g h i
j k l m n o p q
r s t u v w x y z.

VOYELLES.

a e i o u et y.

CONSONNES.

b c d f g h j k l m n p q r s t v w x z.

LETTRES DOUBLES.

æ œ fi ffi fl ffl ff.

LETTRES ACCENTUÉES.

Accent aigu, é.
Accent grave, à è ù.
Accent circonflexe, â ê î ô û.
Tréma, ë ï ü.

SYLLABES.

Ba	be	bi	bo	bu.
Ca	ce	ci	co	cu.
Da	de	di	do	du.
Fa	fe	fi	fo	fu.
Ga	ge	gi	go	gu.
Ha	he	hi	ho	hu.
Ja	je	ji	jo	ju.
Ka	ke	ki	ko	ku.
La	le	li	lo	lu.
Ma	me	mi	mo	mu.
Na	ne	ni	no	nu.

Pa	pe	pi	po	pu.
Qua	que	qui	quo.	
Ra	re	ri	ro	ru.
Sa	se	si	so	su.
Ta	te	ti	to	tu.
Va	ve	vi	vo	vu.
Xa	xe	xi	xo	xu.
Za	ze	zi	zo	zu.

SYLLABES COMMENÇANT PAR UNE VOYELLE.

Ab	eb	ib	ob	ub.
Ac	ec	ic	oc	uc.
Ad	ed	id	od	ud.
Af	ef	if	of	uf.
Ag	eg	ig	og	ug.
Al	el	il	ol	ul.
Am	em	im	om	um.
An	en	in	on	un.
Ap	ep	ip	op	up.
Ar	er	ir	or	ur.
As	es	is	os	us.
At	et	it	ot	ut.

MOTS A ÉPELER,

CONTENANT TOUTES LES SYLLABES USUELLES DE LA LANGUE FRANÇAISE.

Bain, bai-ser, bal, bar-bon, bas, bel, ber-ger, beur-re, bien, bil-lard, bis, blâ-me, blanc, blé, bles-ser, bleu, blo-cus, blon-din, blot-tir, bol-bec, bon-net, bor-ner, bos-ton, bot-ter, bra-bant, bras-seur, brai, bran-card, bret-teur, bri-don, bril-lant, bro-der, broc, brouil-lon, brû, brus-quer, brun, buis, bul-le, bur-gau, bus-te.

Cail-lou, cais-son, cal-mer, camp, ca-que, car-can, cas, cau-seur, cel-lier, cent, cer-cle, cerf, ces, cha-cun, chai-se, champ, char-mant, chant, chas-se, chat, chau-dron, chef, che-min, cher, chif-fon, choi-sir, cho-mer, chou, christ, chu-te, cinq, clair, cla-meur, clar-té, clas-se, clau-se, clé, cler-gé, clerc, cli-mat, clo-che, cloi-son, clou, cof-fre, coif-fer, coin, col-let, com-ment, cor-beau, cos-su, cou, crac, craie, cri, croc, cro-chet, crou-ton, cueil-lir, cuil-ler, cuir, cuis-son, cul-te, cy-gne.

Dais, daim, dal-le, dam-ner, dan-ger, dar-der, den-rée, dent, des-sin, deuil, deux, dia-ble, dic-ter, diè-te, dieu, dif-fus, dis-cret, doc-teur, dog-me, dor-mir, dos-sier, dou-ceur, douil-let, doux, dra-gon, dres-ser, dril-le, dro-gue, droit, dru, drui-de, duc, dur-cir.

Fai-ble, fan-ge, fard, fas-te, fat, fau-tif, faux, fée, fem-me, fes-tin, feuil-le, feu-tre, fiè-vre, fil-le, fla-con, flai-rer, flam-ber, flanc, flè-che, fleu-ve, flo-con, flot-te, flû-te, flu-i-de, foi, foin, fol, fort, fos-se, fou, four, frac, frai-se, fran-çais, franc, frap-per, frau-de, fri-and, froc, froid, frô-ler, fru-gal, fruit, fui-te, fuir, fur-tif.

Gail-lard, gaî-té, gal-be, gam-me,

gant, gar-çon, gas-con, gein-dre, gen-til, ges-te, gil-le, gla-ce, glai-se, gland, glis-ser, glo-be, gloi-re, glou-ton, glu-au, goi-tre, gol-fe, gom-me, gond, gor-ge, gou-jon, gras, grai-ne, grain, gre-lot, grif-fon, grim-per, gro-gner, gron-ner, grou-pe, gru-ger, guer-re, guet, gueu-le, gui-chet, guin-gan.

Haie, hail-lon, hal-le, har-di, hau-teur, hec-ta-re, her-be, heu-reux, his-ser, hom-me, hon-teux, hor-mis, houil-le, hou-pe, hui-tre, hup-pe, hur-ler, hus-sard, hut-te, hym-ne.

Ins-crit, jail-lir, jam-bon, jan-vier, jar-din, jas-min, jau-ne, jen-ny, jeudi, joc-ko, joie, joint, jou-et, jour-nal, jus-te.

Ker-mès, kios-que.

Lac, lai-deur, lam-bin, lan-gue, lar-geur, las, lat-te, lau-rier, lec-teur, legs, lent, les-te, let-tre, lier-re, lieu, liè-vre, lin-got, lip-pe, lis-te, loi, loin, loir, lom-bes, lor-gnon, lou-is, loup, lourd, lui-re, lus-trer, luth, lynx.

Mag-ma, mai, mail, main, mal, man-chot, mar-bre, marc, mas-que, mau-vais, meil-leur, mem-bre, men-tor, mes-se, met-tre, meu-ble, mie, miel, mien, mieux, mil-lion, mit-te, mix-te, mois, moins, mol, mon-de, mor-dre, mort, mou-choir, mouil-lé, mous-quet, muid, mu-le, musc.

Nain, nan-kin, nar-rer, nas-se, nat-te, nau-sée, nec-tar, nen-ni, nerf, nes-tor, net, neuf, niè-ce, nim-bes, nip-pes, noir, noix, nom, non, nord, nou-eux, nour-rir, nous, nuit, nul, nup-ti-al, nym-phe.

Obs-cur, oie, oin-dre, onc-tion, ours.

Pac-te, pail-le, pain, pair, paix, pal, pam-pre, pan, par-don, pas, pat-te, pau-vre, pec-to-ral, pei-gne, pein-tre, pel-le, pen-sée, peu, pha-re, phé-nix, phil-tre, pho-que, phra-se, piano, pied, pier-re, pieu, pil-lard, pim-pant, pin, pis-ton, pla-fond, plaie, plain-te, plan, plat, plein, pleurs, pli, plin-the, plomb, plon-ger, pluie, plume, plus, poids, poi-gnard, poil, point, poi-re, pois, poix, pol-tron, pom-me, pont, porc, por-te, pos-te, pot, pou-le, pouf, pour-quoi, pous-sin, prai-rie, pra-ti-que, pré, pren-dre, preu-ve, pri-er, prin-ce, pris, prix, pro-fit, prompt, pros-crit, pru-ne, prus-se, puits, pul-pe, punch, pur, pyg-mée.

Quand, quart, qua-tre, quel, question, queue, qui-pro-quo, quin-quet, quoi.

Rab-bin, rac-croc, raie, rai-sin, ran-ger, rap-pel, ras, rec-teur, ren-fort, res-te, rez, rhé-teur, rhô-ne, rhu-me, rin-cer, roi, rond, ros-se, rot, roue, rou-ge, roux, rue, rui-ne, rus-se.

Sab-bat, sac, sai-gner, saint, sal-mis, san-té, sans, sar-cler, sas, sau-le, sauf, scha-ko, sein, seing, sel, sen-sé, sept, seuil, seul, siè-cle, sien, sil-lon, sis, six, soc, soie, soif, soin, soir, sol, som-bre, sort, souil-ler, sous, spec-ta-cle, sta-tue, sub-til, suc, sui-vi, suie, suif, sul-tan, sup-port, sur, sus, syl-la-be, syn-dic.

Tail-le, tain, tam-bour, tant, tard, tas, tau-pe, tei-gne, teint, tel, tem-ple, temps, ten-du, tes-son, tex-te, thé, ther-me, tho-rax, thon, thim, tic, tiè-de, tien, tier-ce, thiers, tim-bre, tir, tis-su, toc-sin, toit, ton, tour, toux, tra-fic, trait, train, tran-che, trap-pe, treil-le, trem-ble, tren-te, tres-se, treuil, tri, troc, trois, trom-be, trô-ne, trop, trot, trou, tru-el-le, tui-le, tur-bot, tym-pan.

Vac-cin, vail-lant, val, van, var, vas-te, vau-tour, vé-lin, vel-te, ven-

deur, ver, vers, vert, ves-te, vi-a-duc,
vic-tor, vie, vieil-le, vil, vin, vio-lon,
vir-gu-le, vis, voi-ci, voie, voix, voir,
vol, vou-te, vous, vrai, vril-le, vue,
vul-gai-re.

Yacht, yeu-se, yeux.

Zain, zes-te, zig-zag, zinc.

PETITES PHRASES A ÉPELER.

J'ai-me pa-pa et ma-man.

Je vou-drais sa-voir li-re.

Bon-jour mon frè-re.

Bon-ne nuit pa-pa.

Ma-man em-bras-se moi.

Le chien ai-me son maî-tre.

Les fruits sont mûrs.

Le che-val est très u-ti-le.

Il faut pri-er le bon Dieu.

Al-lons nous cou-cher.

Il faut se le-ver ma-tin.

Je se-rai bien sa-ge.

Quel-le heu-re est-il?

J'ap-pren-drai ma le-çon.

On ne doit ja-mais men-tir.

Ne fai-sons pas de bruit.

Le chien a-boie.

Le chat miau-le.

Le per-ro-quet par-le.

Le cor-beau cro-as-se.

La gre-nouil-le co-as-se.

Le li-on ru-git.

Le loup hur-le.

Le mou-ton bè-le.

Le bœuf mu-git.

Le ser-pent sif-fle.

Le che-val hen-nit.

L'â-ne brait.

LEÇONS A ÉPELER.

La lec-tu-re est la cho-se la plus u-ti-le que puis-se ap-pren-dre un en-fant. Ce-lui qui ne sait pas li-re, res-te-ra tou-te sa vie un i-gno-rant. Les com-men-ce-ments sont dif-fi-ci-les, mais on est bien dé-dom-ma-gé plus tard des pei-nes qu'on s'est don-nées. C'est u-ne cho-se bien a-mu-san-te que de pou-voir li-re de bel-les his-toi-res dans un li-vre.

Le bon Dieu n'ai-me point les en-fants pa-res-seux. Il bé-nit, au con-trai-re, ceux qui ai-ment le tra-vail et l'é-tu-de ; hâ-tez-vous, mes chers en-fants, d'ap-pren-dre à li-re, vous li-rez a-lors des li-vres qui vous ap-pren-dront à con-naî-tre Dieu, à l'ai-mer, à le ser-vir et à le re-mer-cier des bien-faits qu'il ré-pand cha-que jour sur vous.

Quand vous sau-rez bien li-re vous ap-pren-drez à é-crire, ce qui n'est pas moins u-ti-le que la lec-tu-re.

Les en-fants bien sa-ges sont ai-més par tout le mon-de, et le bon Dieu les pro-tè-ge. Il faut ê-tre do-ci-le et o-bé-is-sant a-vec vos pa-rents et vos maî-tres. Ne men-tez ja-mais. So-yez doux et o-bli-geants a-vec vos ca-ma-ra-des. Je vous en-ga-ge aus-si, mes bons a-mis, à a-voir beau-coup d'or-dre et de pro-pre-té. Ran-gez vos ef-fets et vos li-vres et ne sa-lis-sez point vos ha-bits, car la mal-propre-té nous rend un ob-jet de dé-goût pour les au-tres, et l'on perd plus de temps à cher-cher les ob-jets dont on a besoin qu'à les ran-ger de sui-te. Sou-ve-nez-vous qu'il faut a-voir une pla-ce pour cha-que cho-se et met-tre cha-que cho-se à sa pla-ce.

MAXIMES.

Ai mez vo tre pro chain com me vous-même et Dieu par dessus tout.

Fai tes pour les au tres ce que vous vou dri ez qu'on fît pour vous.

Lors qu'il vous ar ri ve ra quelque cho se d'heu reux, com mencez par re mer cier Dieu.

La pre mi è re cho se que vous de vez fai re en vous le vant est de pri er le bon Dieu de vous pré ser ver de tout pé ché dans le cours de la jour née.

N'ou bli ez ja mais a vant de vous

coucher de remercier Dieu des grâces qu'il a répandues sur vous pendant la journée.

Ne parlez jamais sans avoir réfléchi à ce que vous allez dire.

Ne rapportez point le mal que vous savez des autres. Si vous êtes obligé de le faire excusez le autant que possible.

Aimez et honorez votre père et votre mère si vous voulez que Dieu vous bénisse.

MOTS PLUS DIFFILES A ÉPELER.

Des truc ti bi li té.

Des po tis me.

En thou sias me.

Con tri bu a ble.

Bre douil le ment.

Ab di ca ti on.

Ad mi ra ble ment.

Dé tes ta ble ment.

Ga zo mè tre.

Chry so cal.

E cha fau da ge.

Sté ré o ty pa ge.

Sus cep ti bi li té.

Sym pto ma ti que.

Sys té ma ti que.

Ther mo mè tre.

Thé o lo gi que ment.

Tes ta men tai re.

Sté no gra phi que ment.

Rhu ma tis mal.

O xi da ti on.

Mys ti fi ca ti on.

CHIFFRES.

Un	1	Seize	16
Deux	2	Dix-sept	17
Trois	3	Dix-huit	18
Quatre	4	Dix-neuf	19
Cinq	5	Vingt	20
Six	6	Trente	30
Sept	7	Quarante	40
Huit	8	Cinquante	50
Neuf	9	Soixante	60
Dix	10	Soixante-dix	70
Onze	11	Quatre-vingt	80
Douze	12	Quatre-vingt-dix	90
Treize	13	Cent	100
Quatorze	14	Cinq cents	500
Quinze	15	Mille	1000

HISTOIRE D'UN ENFANT IGNORANT.

Il y a-vait un pe-tit en-fant nom-mé Jac-ques que sa mè-re, qui é-tait veu-ve, a-vait mis à l'é-co-le pour qu'il y ap-prît à li-re. Mais mal-heu-reu-se-ment Jac-ques ai-mait mieux le jeu que le tra-vail, en sor-te qu'il n'ap-pre-nait rien et ne con-nais-sait pas mê-me ses let-tres au bout d'un an.

Sou-vent mê-me il fai-sait l'é-co-le buis-son-niè-re. C'est-à-dire, qu'au lieu d'al-ler à l'é-co-le il al-lait jou-er dans les rues a-vec de pe-tits mau-vais su-jets, joi-gnant ain-si le men-son-ge à la pa-res-se.

La pau-vre veu-ve tom-ba ma-la-de et mou-rut. Jac-ques fut bien tris-te, car il ai-mait sa mè-re qui n'a-vait eu d'au-tre dé-faut que ce-lui de gâ-ter son fils par trop d'in-dul-gen-ce et de fai-bles-se.

Jac-ques se trou-va donc sans au-cu-ne res-sour-ce. Sa mè-re ne vi-vait que du pro-duit de son tra-vail.

Un mar-chand du voi-si-na-ge eut pi-tié du pau-vre Jac-ques et se pro-po-sa de le pren-dre chez lui en qua-li-té de pe-tit com-mis, mais lui a-yant de-man-dé s'il sa-vait li-re et é-cri-re, Jac-ques fut o-bli-gé de lui a-vou-er qu'il con-nais-sait à pei-ne ses let tres.

— J'en suis fâ-ché, mon pau-vre en-fant, dit le mar-chand, mais tu ne peux en-trer chez moi puis-que tu ne sais pas li-re. Ce-pen-dant il me sem-ble que tu al-lais de-puis long-temps à l'é-co-le, qu'est-ce donc que tu y fai-sais?

Jac-ques bien con-fus se vit for-cé de con-ve-nir de sa pa-res-se et de son man-que de zè-le pour l'é-tude.

— Tu es bien cou-pa-ble, lui ré-pon-dit le mar-chand, tu de-vais pen-ser à ta pau-vre mè-re qui se li-vrait sans re-lâ-che à un tra-vail pé-ni-ble pour te nour-rir, et cet-te i-dée de-vait t'en-cou-ra-ger à l'é-tu-de a-fin d'ac-qué-rir promp-te-ment l'ins-truc-tion né-ces-sai-re pour ga-gner quel-que cho-se et la sou-la-ger. Je vois que tu ne mé-ri-tes pas que je m'oc-cu-pe de toi. Tu ne sais rien et tu n'es bon à rien.

Jac-ques a-ban-don-né par le mar-chand, chez qui il a-vait es-pé-ré en-trer, se vit sans pain et sans a-si-le. Un maî-tre ra-mo-neur, qui pas-sait dans la rue, l'a-yant vu as-sis au coin d'u-ne bor-ne, pâ-le, mou-rant de faim et de froid, lui pro-po-sa de le pren-dre a-vec lui et de lui en-sei-gner à ra-mo-ner les che-minées. Jac-ques fut o-bli-gé d'ac-cep-ter cet-te of-fre. Il de-vint

donc ra-mo neur, tan-dis que s'il a-vait su
li-re et é-cri-re, il se-rait en-tré dans u-ne
mai-son où il au-rait ap-pris le com-mer-ce,
en sor-te qu'il au-rait pu de-ve-nir par la sui-
te un ri-che mar-chand.

HISTOIRE D'UN ENFANT LABORIEUX.

Le petit Alfred allait dans la même école que Jacques dont nous venons de lire l'histoire. Ses parents étaient pauvres, aussi faisait-il tous ses efforts pour acquérir promptement l'instruction nécessaire pour ne plus leur être à charge.

Il était à peine depuis quelques jours à l'école, qu'il connaissait toutes ses lettres et épelait assez bien. Au bout de peu de mois il lisait très couramment. On le mit à l'écriture, puis à l'arithmétique et il y fit les mêmes progrès que dans la lecture.

Le maître d'école était tellement content d'avoir un élève qui lui faisait tant d'honneur qu'il en parlait à tout le monde. Le marchand qui n'avait pu prendre

Jacques à cause de son ignorance, proposa aux parents d'Alfred de se charger de leur fils. Ceux-ci y consentirent avec joie, bénissant le ciel de leur avoir donné un enfant qui promettait de faire la joie de leur vieillesse.

Il faut ajouter ici qu'Alfred avait en outre toutes sortes de bonnes qualités. Il n'était point gourmand, ni menteur, il était propre et soigneux, doux et serviable. Il aimait ses parents et était rempli de respect pour eux.

Le marchand ne tarda pas à apprécier les bonnes qualités d'Alfred. Outre sa nourriture et son entretien dont il s'était chargé, il lui donna bientôt chaque semaine une gratification. Alfred s'empressait d'en porter la plus grande partie à ses parents.

Lorsqu'il fut plus âgé il devint principal

commis dans la maison de son patron, qui finit par l'associer à son commerce et lui donna sa fille en mariage.

Alfred devenu riche n'oublia jamais ses parens à qui il procura une douce aisance.

L'ANE.

L'âne est un animal extrêmement utile que l'on ne sait pas assez apprécier, parce qu'on le compare au cheval dont les qualités sont infiniment plus brillantes. Il est de son naturel aussi humble, aussi patient, aussi tranquille que le cheval est fier, ardent, impétueux; il souffre avec patience, et peut-être avec courage les châtiments et les coups; il est sobre sur la qualité et sur la quantité de la nourriture; il se contente des herbes les plus dures et les plus désagréables que les autres animaux lui laissent et dédaignent; il est fort délicat sur l'eau. Il ne veut boire que la plus claire et aux ruisseaux qui lui sont connus. Comme on ne prend pas la peine de l'étriller, il se roule souvent sur le gazon, sur les chardons, sur la fougère, et sans se soucier beaucoup de ce qu'on lui fait porter, il se couche toutes les fois qu'il le peut, et il semble par là reprocher à son maître, le peu de soin qu'on prend de lui; car il ne se vautre pas dans la fange et dans l'eau, il craint même de se mouiller les pieds, et se détourne pour éviter la boue, aussi a-t-il la jambe plus sèche et plus nette que le cheval. Il est susceptible d'éducation, et l'on en a vu d'assez bien dressés pour faire la curiosité des spectacles. L'âne est peut-être de tous les animaux celui qui, relativement à son petit volume, peut porter le plus grand poids; et comme il ne coûte presque rien à nourrir et qu'il ne demande pour ainsi dire aucun soin, il est d'une grande utilité à la campagne, au moulin.

Si l'âne a de bonnes qualités, il a aussi ses défauts, son cri, ou braire est fort désagréable, il est capricieux et têtu, et on le tuerait plutôt que de lui faire faire ce qu'il s'est mis en tête de ne pas faire.

Au reste, c'est à tort qu'on l'accuse de

stupidité. Son intelligence surpasse celle du cheval. L'âne est très courageux, il se défend avec autant d'adresse que de fureur contre les chiens et même contre le loup qu'il parvient souvent à mettre en fuite.

LE BISON.

Le bison est une sorte de bœuf sauvage qui habite les plaines désertes de l'Amérique septentrionale. Il est farouche mais non féroce. Il n'attaque jamais l'homme à moins qu'il n'en ait été blessé; dans ce cas il se retourne et se précipite sur le chasseur qu'il attaque avec ses cornes et avec ses pieds de devant. Au printemps, les bisons se rassemblent et parcourent la contrée en troupes nombreuses de vingt mille et plus. Ils sont tellement serrés dans leur marche, que ceux de derrière poussent ceux de devant; ils brisent et dévastent tout ce qui se trouve sur leur passage. Lorsqu'un obstacle invincible arrête la marche de cette immense colonne, ceux de derrière continuant de marcher en avant, il en résulte un tel encombrement que les bisons les plus faibles sont écrasés et foulés aux pieds par les autres.

Comme le cuir et la chair des bisons est très estimée, les individus se réunissent pour leur faire la chasse, et souvent, dans une seule expédition, ils en tuent jusqu'à quinze cents.

L'aspect de cet animal est effrayant. Sa tête courbe et grosse est accompagnée d'une sorte de crinière qui recouvre son cou et ses épaules. Sa couleur est d'un brun noirâtre.

LE CHAMEAU.

Le chameau est l'animal le plus utile de l'Asie et de l'Afrique. Sans lui on ne pourrait traverser des déserts de sable qui ont quelquefois cent lieues d'étendue, et dans lesquels on trouve à peine quelques gouttes d'eau. Aussi les Arabes l'appellent-ils le *Vaisseau du désert*.

Sa chair sert à la nourriture et son poil est employé à faire des étoffes grossières.

Il n'y a pas d'animal plus sobre que le chameau. Il peut marcher sous un ciel brûlant pendant trois ou quatre jours sans boire et sans autre nourriture que quelques noyaux de dattes mêlés à une poignée de riz ou de maïs. Il a dans l'estomac une sorte de poche où l'eau s'amasse, se conserve et reflue dans sa bouche lorsqu'il mange.

Il est très docile, il s'agenouille par l'ordre de son maître, pour se laisser charger ou décharger. Il peut porter jusqu'à mille kilogrammes. On s'en sert aussi comme monture, mais son trot est tellement dur qu'il est difficile de le supporter longtemps.

Le dromadaire ressemble beaucoup au chameau, mais il n'a qu'une seule bosse sur le dos, tandis que le chameau en a deux.

LE DAIM.

Le daim est un joli animal qui se trouve

dans presque tous les pays de l'Europe. Il habite principalement les bois coupés par des champs cultivés. Cependant, on le rencontre aussi dans les grandes forêts. Il a beaucoup de rapport avec le cerf, mais il est plus petit. En hiver son pelage est d'un brun noirâtre, en été son poil est de couleur fauve et marqué de taches blanches. On trouve aussi des daims noirs et d'autres tout blancs. La chair de cet animal est assez bonne, sa peau sert à différents usages et surtout à faire des gants.

L'ÉLÉPHANT.

L'éléphant se trouve en Afrique et en Asie : c'est le plus grand des animaux. Il est doux et docile, sa force est prodigieuse. Les anciens peuples de l'Asie employaient les éléphants dans leur guerres. On plaçait sur leur dos une petite tour de bois où l'on postait des archers qui, de là, décochaient leurs flèches sur l'ennemi. Aujourd'hui l'on emploie l'éléphant comme bête de somme dans l'Inde. Chaque éléphant est conduit par un *cornac*. Cet homme se met à cheval sur son cou et il dirige sa marche en lui tirant légèrement l'oreille du côté où il veut le conduire, à l'aide d'un bâton dont le bout est armé d'un petit crochet de fer.

Comme l'éléphant ne peut baisser son énorme tête jusqu'à terre, la Providence lui a donné une trompe avec laquelle il cueille et porte à sa bouche les herbes et les feuillages dont il se nourrit. Cette trompe qui chez l'éléphant remplace le nez, est creuse, il la remplit d'eau lorsqu'il veut boire, et verse cet eau dans sa bouche. Avec cette trompe dont les éléphants se servent comme d'une main, ils savent déboucher une bouteille, défaire un nœud, etc. De chaque côté de la mâchoire de l'éléphant sort une longue défense recourbée et pointue, c'est de ces défenses que l'on tire l'ivoire. Un éléphant consomme jusqu'à quatre vingts livres de riz ou de pain par jour et boit au moins six seaux d'eau.

L'éléphant est susceptible d'attachement et de reconnaissance. Mais il est très vindicatif et se souvient longtemps des injures qu'on lui a faites.

LE FURET.

Le furet est un animal des pays chauds qui ne se trouve en France qu'à l'état de domesticité, c'est-à-dire, élevé par des chasseurs, qui l'employent à la chasse du lapin. Cet animal a la plus grande haine pour le lapin. Aussitôt qu'on en présente un, même mort, à un jeune furet qui n'en n'a jamais vu, il se jette dessus et le mord avec fureur. S'il est vivant il le prend par le cou, par le nez, et lui suce le sang.

Le pelage du furet est d'un blanc jaunâtre, ses yeux sont rouges. On l'élève dans des tonneaux ou des cages, où on le tient chaudement l'hiver. On le nourrit avec du lait et du pain, il dort continuellement et ne se réveille guère que pour manger.

LA GIRAFE.

La girafe est le plus haut de tous les animaux, car sa tête s'élève à environ six mètres. Son cou est fort long et sa croupe est plus basse que le garrot, ce qui lui donne un air étrange. Elle habite le midi de l'Afrique et se nourrit de feuilles d'arbres et de bourgeons. La hauteur de sa taille lui permet de prendre sa nourriture sur les arbres mêmes. Pour boire, elle est obligée de s'agenouiller ou même d'entrer dans l'eau.

La girafe court avec tant de vitesse que le meilleur cheval ne pourrait l'atteindre. C'est ce qui lui donne le moyen d'échapper aux attaques du lion et de la panthère. Cependant lorsque la fuite lui devient impossible, c'est-à-dire, lorsqu'elle est acculée dans quelque gorge ou ravin, elle se défend en lançant des ruades avec tant de force et de rapidité qu'elle parvient à mettre le lion lui-même en fuite.

Cependant cet animal est d'une telle douceur qu'un enfant le conduira où il voudra, le tenant simplement en laisse avec un ruban. Il y a au jardin des plantes une girafe qui y vit depuis une quinzaine d'années.

Les Hottentots et les autres peuplades sauvages de l'Afrique méridionale font la chasse de la girafe. Ils l'attendent au passage et lui lancent des flèches empoisonnées. Ils mangent sa chair et employent sa peau à divers usages.

LA HYÈNE.

La hyène rayée est un animal fort laid et fort sauvage. Cependant on parvient à l'apprivoiser. Sa taille excède un peu celle du loup, il porte sur le dos une espèce de crinière toujours hérissée. Son pélage est gris noirâtre rayé de bandes plus foncées. Les jambes de derrière sont plus courtes que celles de devant, il marche la tête basse, son regard est sournois et sa mine farouche.

La hyène habite la Barbarie, l'Égypte et la Nubie. On en trouve aussi dans quelques parties de l'Asie. Cet animal, d'une voracité extrême, vit de cadavres qu'il déterre et d'animaux morts qu'il rencontre. Il rôde la nuit autour des habitations pour se nourrir des immondices qu'il trouve. S'il attaque quelques pièces de bétail, ce sera un animal malade ou un agneau, et s'il est surpris dans cette action, il se laisse assommer sans chercher à se défendre. On a vu en Algérie une hyène qu'un officier français avait apprivoisée. Elle le suivait librement dans les rues, accourait à sa voix et le caressait comme aurait pu le faire un chien.

Il y a dans le midi de l'Afrique une espèce d'hyène qui a des taches au lieu de bandes. Elle est moins farouche et plus courageuse que la précédente, on peut l'apprivoiser.

L'ICHNEUMON.

Ce petit animal se trouve en Égypte, il habite le bord des rivières. Il se nourrit de petits animaux tels que rats, mulots, belettes, souris. Il fait aussi la guerre aux reptiles, aux crapauds et aux insectes, détruit beaucoup d'œufs de crocodile. La nuit l'ichneumon pénètre quelquefois dans les basses cours, alors il égorge toutes les volailles qu'il y trouve et suce leur sang.

Les anciens Égyptiens avaient placé l'ichneumon au nombre de leurs dieux, en reconnaissance des services qu'il rendait en détruisant une foule d'animaux nuisibles.

En Égypte on élève l'ichneumon dans les maisons en guise de chat, il fait une guerre acharnée aux souris; son ardeur, son adresse surpasse celle du chat. Il n'est point méchant, mais il est courageux et se défend contre des animaux plus gros que lui. Il ne se gêne pas pour étrangler un chat qui lui cherche querelle, et sauterait à la face du plus gros chien s'il faisait mine de l'attaquer. De même que le chat, l'ichneumon paraît s'attacher plus à la maison qu'à son maître. Il craint beaucoup le froid et vit peu de temps en Europe.

JAGUAR.

Le jaguar est un animal féroce qu'on ne trouve qu'en Amérique; il est moins grand que le lion et le tigre, mais aussi cruel et aussi dangereux. Son pelage, d'un fauve vif, marqueté de taches noires, est superbe. Le jaguar est d'une force si prodigieuse que lorsqu'il a tué un bœuf ou un cheval, il le traîne facilement jusque dans les forêts qu'il habite. Il grimpe avec agilité sur les arbres et y fait la chasse aux singes. Quelquefois placé sur une grosse branche ou sur le sommet d'un roc, il s'élance sur un bœuf ou sur quelque autre animal, se cramponne sur sa croupe, lui crève les yeux ou lui brise le crâne.

Malgré la férocité du jaguar, les chasseurs brésiliens osent l'attaquer corps à corps, armés seulement d'une lance et portant sur le bras gauche une peau de mouton fraîche et garnie de sa toison. Le chasseur s'avance hardiment vers le jaguar qui se dresse sur ses pattes de derrière, et le perce de sa lance. S'il manque son coup, il jette sa toison à terre, et pendant que le jaguar s'acharne dessus, il reçoit un autre coup de lance qui l'achève.

LE KANGOUROU.

Cet animal qui est quelquefois de la grosseur d'un mouton, ne se trouve que dans la Nouvelle-Hollande, île immense et peu connue, située à quatre mille lieues au moins de la France. Les pattes de devant du kangourou sont si courtes qu'il peut à peine s'en servir pour marcher, et il les emploie en guise de main pour porter les aliments à sa bouche. Mais en revanche les pattes de derrière sont d'une longueur démesurée, en sorte qu'il marche le plus souvent par sauts. On assure que le kangourou peut franchir d'un seul bond un espace de dix mètres. Il se tient ordinairement assis sur ses pattes de derrière, se servant de sa grosse queue comme d'un support.

Le kangourou femelle a sur le ventre une poche où elle place ses petits après leur naissance. Ils n'en sortent que lorsqu'ils commencent à devenir grands.

Cet animal est doux et timide, il s'apprivoise facilement. Sa chair est bonne à manger, il se nourrit d'herbes, cependant il ne dédaigne pas d'autres aliments, et l'on en a vu manger de la chair avec plaisir.

LE LION.

Le lion habite quelques parties de l'Afrique, telles que la Barbarie, le désert de Sahara, le Sénégal et le Cap de Bonne Espérance. Il se nourrit principalement de gazelles et de singes, et n'attaque des animaux capables de lui résister que lorsqu'il est poussé par la faim. Il se place ordinairement en embuscade dans les roseaux près de quelque mare, et lorsqu'un animal vient y boire il s'élance sur lui par un bond prodigieux, lui enfonce ses terribles griffes dans le flanc et lui brise le crâne avec les dents.

Le lion atteint jusqu'à près de trois mètres, depuis le bout du nez jusqu'à la naissance de la queue, mais le plus souvent sa taille ne dépasse pas un mètre quatre-vingt centimètres.

La figure du lion est imposante, sa tête et son cou sont garnis d'une crinière épaisse qui manque à la lionne. Sa voix est si terrible que tous les animaux tremblent une demi-lieue à la ronde lorsqu'il la fait entendre. Lorsqu'il est en colère sa crinière se redresse, ses yeux deviennent flamboyants, il se bat les flancs avec sa queue, il montre ses dents énormes et sa langue hérissée d'épines si dures et si aiguës qu'elles suffiraient pour déchirer la peau et entamer la chair.

Le lion pris fort jeune peut s'apprivoiser, il est même susceptible d'attachement pour son maître; mais à mesure qu'il vieillit son caractère devient plus sauvage et il est imprudent de s'y fier.

Les nègres prennent souvent les lions vivants au moyen d'un piège consistant en une fosse profonde recouverte de branchages, au milieu desquels on attache un animal vivant. Dès que le lion est prisonnier, il change pour ainsi dire de caractère; on peut l'attacher, le museler et le conduire où l'on veut.

Une lionne de la ménagerie du jardin des plantes a donné un bel exemple de clémence. On avait jeté un petit roquet dans sa loge; le chien fut en tremblant se cacher dans un coin. La lionne s'approcha de lui. Le pauvre animal jeta un cri plaintif et la regarda d'un air suppliant. La lionne fut sans doute touchée de pitié, car elle alla se recoucher sans faire de mal au roquet. Lorsqu'à l'heure de la distribution on jeta dans la loge le dîner de Constantine, (c'était le nom de la lionne) elle le mangea et en laissa une partie pour son nouveau compagnon que la peur tenait tellement encore, qu'il n'osa sortir de son coin. Le lendemain, un peu moins effrayé, il se détermina à manger la portion que la lionne lui laissait comme la veille. Enfin au bout de huit jours il mangeait avec elle, et huit autres jours après il se jetait sur le dîner et ne permettait à la lionne de prendre sa part que lorsqu'il avait pris la sienne. Au bout de quelques années le chien mourut. La pauvre Constantine fut inconsolable et périt bientôt d'ennui et de chagrin.

LE MOUTON.

Le mouton est un des animaux les plus utiles à l'homme. Sa chair nous sert de nourriture; avec sa laine qui forme sa toison, on fait du drap et mille étoffes diverses. Sa graisse qu'on appelle suif est employée à faire des chandelles. Enfin sa peau devient du parchemin ou de la basane, suivant la préparation qu'on lui donne. La basane sert à mille usages, on l'emploie surtout pour relier les livres.

Le mouton est le plus stupide des animaux, son instinct est presque nul. Sans les soins que l'homme en prend, il disparaîtrait bientôt de la terre. Un troupeau abandonné à lui-même n'existerait pas deux mois, il deviendrait la proie des bêtes carnassières, ou bien il périrait de misère. Lorsqu'un troupeau est en marche, si le mouton qui est en tête s'arrête en face d'un léger obstacle, les autres moutons s'arrêtent aussi, et il serait impossible de les faire avancer si le berger ne prenait le parti de porter l'un des moutons au delà de l'obstacle; alors le reste du troupeau le suit à l'envi. Il arrive aussi quelquefois, qu'un mouton poussé par quelque vertige se jette dans une rivière ou dans un précipice, et les autres s'y lancent sans hésiter après lui.

Lorsqu'un loup emporte un mouton et se sauve dans les bois, il est très difficile d'empêcher les autres moutons de le suivre, non pour le défendre, mais par suite de leur stupide instinct d'imitation.

LE NYL-GAUT.

Le nyl-gaut est de la taille du cerf, mais ses jambes sont plus grosses. Son pelage, d'un gris ardoisé dans le mâle, est fauve dans la femelle. Cet animal habite l'Inde, sa chair est très bonne. Lorsqu'il est atteint par le chasseur, il se défend vigoureusement avec ses cornes et avec ses ruades, en sorte que ne pouvant l'approcher, on le tue à coups de fusil.

Les mâles se battent souvent entr'eux ; pour cela ils s'agenouillent en face l'un de l'autre à une assez grande distance, puis ils s'approchent peu à peu en marchant sur leurs genoux ; enfin arrivés proche l'un de l'autre, ils s'élancent tout-à-coup tête contre tête. Si l'un d'eux est blessé il prend la fuite, sinon ils recommencent.

Le nyl-gaut est cependant d'un naturel très doux : il se nourrit d'herbes et de grains.

L'ORNITHORYNQUE.

Ce singulier animal habite le même pays que le kangourou dont nous avons parlé plus haut. Il est de la grosseur d'un lapin; son corps est couvert de poils roussâtres, ses jambes sont très courtes, sa queue aplatie lui sert de gouvernail quand il nage, ses pieds sont garnis de membranes comme les pattes d'une oie. Il a un véritable bec comparable à celui d'un canard, mais ce bec renferme deux langues, l'une mince et longue et l'autre courte et épaisse.

L'ornithorynque se creuse un terrier auprès d'un marais ou d'une rivière : il craint la clarté du soleil et ne sort que le soir ou le matin. Il nage parfaitement bien et barbotte dans l'eau des marécages comme le canard;

il se nourrit de vers et d'insectes aquatiques. Cet animal est très doux et s'apprivoise facilement.

LE PORC-ÉPIC.

Le porc-épic se trouve en Italie, en Espagne et dans toutes les parties chaudes de l'Europe et de l'Asie. Son corps long de soixante centimètres est couvert de piquants, qui ont jusqu'à trente trois centimètres de longueur. Ces piquants sont annelés de brun noirâtre et de blanc. Lorsqu'il est en colère, il hérisse ces piquants et les secoue de manière à produire beaucoup de bruit. Il se creuse un terrier où il passe le jour à dormir ; il en sort la nuit pour chercher sa nourriture, qui consiste en racines, en bourgeons et en fruits sauvages. Quand il pénètre dans un terrain cultivé il y commet de grands dégâts. Pendant toute la durée de l'hiver il reste endormi dans son terrier dont il ne sort qu'au printemps.

Le porc-épic n'est ni méchant ni même fa

rouche, mais il est peu intelligent. Ses piquants ne sont redoutables que pour les animaux carnassiers qui voudraient faire leur proie de cet animal paisible.

LE QUINKAJOU.

Il est à peu près de la grandeur d'une fouine, son pelage laineux est d'un gris jaunâtre, il a quatre mains comme les singes auxquels il ressemble un peu. Il habite les forêts de l'Amérique. Le jour il dort roulé en boule, mais dès que la nuit arrive il se met à chercher sa nourriture, qui consiste en petits quadrupèdes, en oiseaux, insectes et fruits. Il grimpe lestement sur les arbres, en s'aidant de sa longue queue avec laquelle il s'accroche aux branches. Il va furetant partout pour trouver des nids d'oiseaux ou des ruches d'abeilles sauvages. Lorsqu'il a trouvé une de ces ruches, il y enfonce ses pattes, brise les gâteaux et recueille le miel avec sa langue qui est extrêmement longue.

Cet animal qui s'apprivoise facilement, est d'une grande douceur.

LE RENARD.

Le renard est de la grosseur d'un chien de moyenne taille, son poil est roux en dessus et blanc en dessous. Cet animal est fameux par ses ruses ; ce que le loup fait par la force, il le fait par adresse et réussit plus souvent. Il habite un terrier qu'il se creuse au bord des bois, où il chasse pendant la nuit, et ne se nourrit guère que de proie vivante ; mais dans les moments de disette il mange des fruits et surtout des raisins qu'il paraît aimer beaucoup. Il cherche à surprendre les oiseaux endormis et se met à l'affût pour saisir au passage un lièvre ou un lapin.

Lorsque le renard entend le chant du coq, il s'approche avec précaution de l'habitation où il entend ce chant, il rampe, se cache derrière chaque buisson, et s'approche peu à peu de la basse cour. S'il entend un chien il reste immobile et tapi derrière quelque touffe; mais dès que le chien de garde s'en éloigne il s'élance sur sa proie, l'étrangle en un clin d'œil et l'emporte dans son terrier. Quand il a réussi dans son expédition, on peut être sûr qu'il la recommencera tous les trois ou quatre jours, jusqu'à ce que la basse cour soit entièrement dégarnie de volailles.

Quelquefois deux renards s'associent pour chasser le lièvre. L'un reste à l'affût et l'autre poursuit sa victime de manière à la faire passer devant le renard embusqué, et celui-ci s'élance et saisit le lièvre. Les deux chasseurs partagent ensuite leur proie.

Lorsqu'on chasse le renard, il n'est point de ruse qu'il n'emploie pour échapper aux chiens qui le poursuivent. Un vieux renard, après avoir mis plusieurs fois les chiens en défaut, c'est-à-dire après leur avoir fait perdre sa trace, s'était fourvoyé dans un trou fort large mais peu profond, où il fut pris par les chiens. Il se laissa fouler par eux, tourner et retourner par les chasseurs, pendant plus d'un quart d'heure, contrefaisant le mort, mais lorsque les chiens l'eurent abandonné, il se releva tout à coup sur ses pieds et décampa lestement à la grande surprise des chasseurs.

LE SINGE.

Il y a un grand nombre d'espèces de singes. Ceux qui ressemblent le plus à l'homme n'ont point de queue, les plus connus de ces singes sont l'Orang-Outang, le Jocko et le Chimpanzé.

Ce dernier singe est celui qui montre le plus d'intelligence. Sa taille est de quatre à cinq pieds. Son visage basané est dégarni de poils ainsi que les oreilles, les mains, la poitrine et le ventre. Le reste du corps est couvert de poils rudes et bruns.

Il y a eu au Jardin des plantes, il y a plusieurs années, un singe femelle de cette espèce.

Son intelligence était déjà fort grande; Jacqueline, c'était son nom, était douce et bonne. Si on la contrariait, elle se mettait à pleurer. Elle reconnaissait fort bien les personnes qui venaient habituellement la voir, et elle les comblait de caresses. On lui avait donné un chien et un chat qu'elle aimait beaucoup et qu'elle gâtait même. Elle les faisait coucher dans son lit, à côté d'elle, l'un à gauche et l'autre à droite, mais elle savait les châtier convenablement lorsqu'ils faisaient quelque faute, et elle les obligeait d'ailleurs à vivre en bonne intelligence.

La pauvre Jacqueline ne put supporter le froid de notre climat, elle fut atteinte d'une maladie de poitrine dont elle mourut.

Un autre singe de la même espèce allait chercher de l'eau dans une cruche, du bois dans la forêt; il balayait, faisait les lits et tournait la broche. Étant tombé malade, un chirurgien le saigna, ce qui lui sauva la vie. Un an après, ayant gagné une fluxion de poitrine, il fut de nouveau alité; lorsqu'il vit entrer le même chirurgien, il lui tendit le bras et lui fit signe de le saigner.

LE TIGRE.

Le Tigre est le plus terrible des animaux féroces. Il égale et surpasse même le lion en grandeur. Son pelage, d'un jaune vif en dessus et d'un beau blanc en dessous, est rayé de noir. Il habite les Indes et surtout le Bengale.

Le Tigre n'a pas moins de courage que le Lion; mais il emploie la ruse pour attaquer sa victime. On en a vu sortir de la forêt, saisir un cavalier au milieu d'un bataillon, d'une armée, et l'emporter dans les forêts avant qu'on ait eu le temps de le poursuivre. Lorsqu'il s'est élancé sur un buffle ou sur un cheval il le terrasse, lui brise le crâne et l'emporte en courant avec autant de légèreté que s'il ne portait aucun fardeau.

Le Tigre pris jeune, s'apprivoise facilement, il s'attache à son maître et obéit à ses commandements.

L'UNAU.

Il est de la grandeur d'un chien de moyenne taille. Son poil, d'un gris brun, est grossier et ressemble a du foin. Cet animal est commun dans l'Amérique méridionale; il habite les arbres où il passe sa vie, se nourrissant de leur feuillage. Il parcourt les forêts en passant d'un arbre à l'autre; jamais il ne descend à terre, ne pouvant marcher qu'en se traînant sur ses coudes; mais soit qu'il mange ou qu'il dorme, il reste suspendu aux branches par ses pattes garnies d'ongles recourbés, et d'une grande force. Lorsqu'il a dévoré toutes les feuilles d'un arbre et qu'il n'y en a pas d'autre à l'entour, il descend, se traîne sur la terre jusqu'à l'arbre le plus proche où il monte assez lestement.

L'Unau est un animal doux et inoffensif; il soigne son petit avec la plus grande tendresse. Il le couche sur un lit de mousse établi à la jonction de deux grosses branches, et lorsqu'au bout de quelques jours les ongles du nouveau né ont pris de la force, il s'accroche au dos de sa mère où il reste suspendu le dos en bas, comme celle-ci l'est aux branches.

LE VARI.

Cet animal qui ne se trouve que dans l'île de Madagascar, est un peu plus grand qu'un chat. Son pelage est blanc avec des taches noires. Il passe une grande partie de son temps à dormir; lorsque la faim se fait sentir, il parcourt la forêt en s'élançant d'un arbre à l'autre avec une extrême agilité, cherchant les fruits sauvages et les œufs d'oiseaux dont il fait sa nourriture. Il s'apprivoise assez facilement, mais il ne s'attache jamais. Les voyageurs assurent que dans l'état de liberté, le Vari est cruel et farouche.

LE XANDARUS.

On l'appelle aussi Saïga. Il habite la Hongrie et le midi de la Pologne et de la Russie. Il est de la taille d'un Daim. Son pelage est d'un gris jaunâtre en hiver, et d'un gris blanchâtre en été. Les Saïgas vivent en grandes troupes. On leur fait la chasse pour leur chair qui est mangeable, et pour leur peau. Ils ont l'odorat si fin qu'ils sentent les chasseurs à plus d'une lieue, et de crainte d'être surpris pendant qu'ils mangent ou qu'ils dorment, quelques Saïgas se placent en sentinelle et sont tour à tour relevés par les autres. Lorsque l'hiver approche, ils quittent la contrée où ils se trouvent pour aller chercher un climat plus chaud, et ils voyagent par troupes de huit ou dix mille. A la tête du troupeau, sont les vieux mâles qui le défendent avec beaucoup de courage contre les loups et les renards.

LE YARKÉ.

Le Yarké est une sorte de singe qui habite la Guyane. Il a environ 50 centimètres de hauteur. Il est noirâtre avec le visage d'un blanc sale. Il habite les forêts par petites troupes de dix ou de douze ; il se nourrit de fruits sauvages et d'insectes. C'est un animal doux et tranquille, mais qui s'apprivoise difficilement. Il est nocturne, c'est-à-dire, il ne sort de sa retraite que le soir ou le matin avant le jour pour aller chercher sa nourriture.

LE ZÈBRE.

Le Zèbre est de la forme et de la taille d'un petit cheval. Son pelage est blanc, rayé de bandes noires très régulières. C'est un fort bel animal; malheureusement il est capricieux, rétif, et plus têtu qu'un mulet. On ne peut l'appliquer à aucune espèce de travail.

Dans son pays natal, qui est l'Afrique méridionale, le Zèbre vit en troupes. Son caractère est farouche, sa course est si légère que les meilleurs chevaux ne peuvent l'atteindre. On ne peut prendre de Zèbre vivant, que lorsqu'il est tout jeune et qu'on a tué sa mère.

FIN.

www.ingramcontent.com/pod-product-compliance
Lightning Source LLC
LaVergne TN
LVHW020947090426
835512LV00009B/1747